OPERA

AF758696

Latifah Hardiyani

Sebait Pendar Layar

PIMEDIA

Sebait Pendar Layar (Opera Pantun)
Latifah Hardiyatni
Copyright© Latifah Hardiyatni

Penyunting: Ikhwanul Halim
Desain Sampul & Tata Letak: Tim Pimedia

Diterbitkan oleh PIMEDIA Bandung
Cetakan pertama, 2024

Hak cipta dilindungi undang-undang. Dilarang memper-banyak atau memindahkan sebagian atau seluruh isi buku ini ke dalam bentuk apa pun, baik secara elektronik maupun mekanik, termasuk memfotokopi, rekaman, dan lain-lain tanpa izin tertulis dari penerbit.

Dicetak oleh PIMEDIA Bandung.

Bait-bait sederhana ini dipersembahkan untuk:

**Kedua jagoan, Maul dan Aikal*

**Semua keluarga di Magelang*

**Teman-teman penulis KompaKO*

**Pimedia Publishing-Bandung*

dan KompaKO

Terima kasih atas semangat, dukungan, doa, dan waktu yang diberikan kepada saya sehingga dapat menyelesaikan buku ini.

Pesan Pengantar

Dewasa ini ponsel menjadi sebuah benda yang sangat penting bagi kehidupan umat manusia. Dari berbagai peristiwa, kisah, asmara, nasihat, hingga hiburan dapat dengan mudah tersebar melalui ponsel. Darinya pula lahir karya sastra pantun yang bercerita tentang ponsel yang turut andil dalam kehidupan sehari-hari.

Daftar Isi

Pesan Pengantar.................................. iv
Daftar Isi.................................. v
Pejuang Event.................................. 1
Pantun Cerita Ponsel (Hari 2).................................. 3
Pantun Cerita Ponsel (Hari 3).................................. 5
Pantun Cerita Ponsel (Hari 4).................................. 7
Saat Pandemi Bertamu.................................. 9
Informasi Palsu.................................. 11
Salin Tempel.................................. 13
Musuh Mental.................................. 15
Bantuan Filter.................................. 17
Cantik Sesungguhnya.................................. 19
Kadung Percaya Diri.................................. 21
Jarak Menghadang.................................. 23
Berteman Restu Ibu.................................. 25
Tentang Teknologi.................................. 27
Mengais Ilmu.................................. 29
Asah Otak.................................. 31
Semakin Dibagi Semakin Bertambah.................................. 33
Tak Sebatas Senja.................................. 35
Pantun Tentang Ilmu.................................. 37
Terus Berusaha.................................. 39
Berjuang.................................. 41
Pantun Nasihat.................................. 43
Pantun Bumbu Dapur.................................. 45
Oleh-Oleh Borobudur.................................. 47
???.................................. 49
Opera Pantun.................................. 51
Opera Pantun.................................. 53

Pantun Perkataan 55
Pantun Rezeki 57
Pantun Bucin 59
Pantun Kesabaran 61
Pantun Waktu 63
Pantun PDKT 65
Pantun Menyatakan Cinta 67
Pantun LDR 69
Pantun Putus 71
Pantun Selingkuh 73
Pantun Cinta Sejati? 76
Pantun Setia 78
Tentang Penulis 80

Pejuang Event

Makan bubur bareng Tuti
Sambil minum susu boba
Emak sibuk setengah mati
Setiap hari ngejar lomba

Makan bubur lauknya bakwan
Diberi sambal semerah bata
Hadiah lumayan lima ribuan
Untuk memperpanjang isi kuota

Anjing divaksin demi kesehatan
Vaksin untuk penyakit rabies
Pekerjaan rumah entar-entaran
Kalau urusan lomba udah beres

Kacang kedelai difermentasikan
Setelah jadi namanya tempe
Anaknya pun di telantarkan
Masih fokus mandang hape

Makan pecel pakai kecipir
Biar kenyang ditambah nasi
Tak salah mengejar karir
Asal semua sesuai porsi

Ke pasar baru beli buah pepaya
Buah pepaya langsung dari petani
Ssstt! jangan tanya yang mana orangnya
Karena dia yang nulis semua ini

Magelang, 26 Mei 2023

Pantun Cerita Ponsel (Hari 2)

Tujuh belasan lihat layar lebar
Film penjajahan kolonial Jepang
Gadis ingusan senyumnya mekar
Baca chat romantis dari ayang

Bunga kenanga bunga kamboja
Bunga lawang harganya mahal
Kenal karena tidak sengaja
Dari postingan media sosial

Pohon kemiri pohon bidara
Pohon andaliman di perbatasan
Bertambah hari makin mesra
Gadis ingusan termakan perasaan

Pergi berburu ke hutan belantara
Samai camping demi hewan incaran
Tidaklah tahu aslinya siapa
Yang penting si gadis nyaman

Mancing ke sungai dapat pelus
Pelus dimasak pakai santan
Transferan datang tak terputus
Asal lakukan semua keinginan

Bekal nasi pakai mendoan
Sambal terasi paling disuka
Goyang kiri goyang kanan
Sampai-sampai aurat terbuka

Magelang, 27 Mei 2023

Pantun Cerita Ponsel (Hari 3)

Buah cempedak buah kenari
Buah segar lemak nian
Emak mendadak heboh sendiri
Dapat kabar menang undian

Jalan ke Bogor lewatin kanal
Pergi ke Jakarta bareng mantan
Ditelpon nomor tidak dikenal
Untuk dimintai transferan

Buah jeruk kesukaan Dika
Hewan beruk favorit Jamilah
Katanya untuk uang muka
Dan untuk pengurusan hadiah

Akar serabut di tepi empang
Ikan di kolam banyak mati
Emak ribut nyari pinjaman
Agar hadiah cepat sampai

Tanggal merah di bulan April
Adik bungah banyak liburnya
Bapak mencegah tidak berhasil
Emak kekeh dengan pendiriannya

Burung kutilang burung elang
Bertengger indah di batu pualam
Penelpon senang bukan kepalang
Emak menangis tujuh malam

Magelang, 28 Mei 2023

Pantun Cerita Ponsel (Hari 4)

Gaharu jadi cendera mata
koleksi indah jadi kenangan
Biar baru membuka mata
Ponsel sudah dalam genggaman

Jalan-jalan ke Bekasi
Mampir warung soto bening
Ngecek-ngecek notifikasi
Mungkin saja ada yang penting

Pergi ke pantai pakai bikini
Berjemur sambil lihat pemandangan
Lanjut scroll sana scroll sini
Beri komentar semua postingan

Abang minum jus delima
Diminum habis lihat pemandangan
Tak terasa waktu sudah lama
Sejak tadi hanya dapat rebahan

Pergi ke warung beli sikat
Sikat tangkainya dari baja
Langsung sat set sat set secepat kilat
Agar tak terlambat masuk kerja

Sikat baja sebesar tiang
Tiang diberi warna sama Budi
Karena waktu sudah siang
Berangkat kerja tak sempat mandi

Tiang ditanam di kebun jagung
Jagung manis kesukaan Rukmini
Biarlah badan bau jigong
Asal sudah komentar sana sini

Magelang, 29 Mei 2023

Saat Pandemi Bertamu

Nebang pohon untuk kertas
Kertas dibuat bentuk jerami
Pernah ponsel jadi prioritas
Saat covid 19 jadi pandemi

Jerami kering ada di sawah
Sawah kemarau kering airnya
Semua dikerjakan dari rumah
Mulai sekolah hingga kerja

Di pematang sawah ada apel
Apel merah sangat menawan
Mendadak semua punya ponsel
Agar tak tertinggal pelajaran

Apel diambil oleh raja
Diberikan ke selir idaman
Rela jual apa saja
Terpenting paket data aman

Selir idaman pergi ke parit
Membagi apel dengan di papa
Ekonomi sulit makin menjerit
Buka tabungan yang tak seberapa

Selir makan lele sama kemangi
Minumnya wedang telang ungu
Tiga tahun covid akhirnya pergi
Tapi ponsel masih membelenggu

Magelang, 30 Mei 2023

Informasi Palsu

Paling enak makan buah strawberi
Rasanya asam buat segar badan
Alangkah baiknya menahan jemari
Sebelum membuat postingan

Mangga manis ya mana lagi
Manisnya bikin melek mata
Juga teliti sekali lagi
Sebelum menyebar berita

Buah anggur nikmat rasanya
Difermentasi jadi arak
Bila perlu cek kebenarannya
Untuk menghindari hoak

Paling enak buah pepaya
Dimakan setelah makan salak
Sudah banyak jadi contohnya
Tertangkap karena menyebar hoak

Jalan-jalan ke sungai Bengawan
Naik perahu melihat-lihat irigasi
Niat hati dapat ribuan pujian
Malah mendekam dibalik jeruji besi

Perahu melaju dengan cepat
Secepat perkembangan ragi
Ayo kawan sebelum terlambat
Berpikirlah sekali lagi

Magelang, 31 Mei 2023

Salin Tempel

Ke alun-alun sarapan pecel
Setelahnya makan kue kenari
Apa bangganya bisa salin tempel
Sama halnya dengan mencuri

Makan siang sama ikan patin
Makan malam sama ikan manyung
Mencuri karya orang lain
Agar diri dielu-elukan dan disanjung

Perut begah karena kekenyangan
Lihat tiga piring langsung dilibas
Atau mencuri untuk kemudahan
Sekali salin tempel semua beres

Kota pahlawan ada di Surabaya
10 November hari yang tak terlupakan
Jangan lagi salin tempel semaunya
Meski mudah dalam genggaman

Wisata religi ke Imogiri
Bersama-sama dengan rombongan
Banggalah dengan karya sendiri
Meski masih banyak kekurangan

Masak daging di atas batu
Diberi cabai supaya pedas
Seiring berjalannya waktu
Belajar dan meningkatkan kualitas

Magelang, 1 Juni 2023

Musuh Mental

Buah rambutan buah blewah
Paling enak dijadikan es
Perilaku menyimpang kian mudah
Dengan satu klik alamat situs

Di Borobudur ada candi
Pergi ke Sawitan lihat bazar
Dari prostitusi hingga judi
Semua dalam ponsel pintar

Liburan sekolah belajar epigrafi
Prasasti berisi tentang adat
Prostitusi dan pornografi
Membuat otak berkarat

Lukisan candi di galeri
Galeri lengkap koleksi lukisannya
Judi membuat lupa diri
Keuangan morat marit dibuatnya

Berlibur ke museum lihat artefak
Bercerita tentang gambar garuda
Katanya pemerintah bertindak
Tetapi situsnya terus ada

Buruh merak burung kolibri
Keduanya sangat indah
Solusinya pada diri sendiri
Laku disiplin meski susah

Nasi goreng pakai mentega
Dicampur cabai juga babat
Juga dukungan dari keluarga
Agar mereka bertaubat

Magelang, 2 Juni 2023

Bantuan Filter

Kisah wayang tentang Pandawa
Pandawa punya anugerah
Jangan sedih jangan gelisah
Pura-pura cantik itu mudah

Pandawa punya anugerah
Anugerah buat lawan keder
Pura-pura cantik itu mudah
Foto pakai kamera filter

Anugerah buat lawan keder
Berlarian ke tengah sawah
Foto pakai kamera filter
Wajah kusam seketika cerah

Berlarian ke tengah sawah
Ketemu ular piton sanca
Wajah kusam seketika cerah
Buat orang jadi terpana

Ketemu ular piton sanca
Dibawa pulang dan dijual
Buat orang jadi terpana
Meski hanya di media sosial

Dibawa pulang dan dijual
Buat beli buah pisang
Meski hanya di media sosial
Tapi hati sudah senang

Magelang, 3 Juni 2023

Cantik Sesungguhnya

Pergi ke kandang nangkap itik
Itik kecil cantik lucu bulunya
Jangan terpesona dengan foto cantik
Belum tentu itu wajah aslinya

Itik kecil cantik lucu bulunya
Dibuat cerita sama blogger
Belum tentu itu wajah aslinya
Bisa saja dia pakai filter

Dibuat cerita sama blogger
Cerita viral dan digemari
Bisa saja dia pakai filter
Karena tak percaya diri

Cerita viral dan digemari
Emak jadi makan jadah
Karena tak percaya diri
Alangkah baiknya berbenah

Emak jadi makan jadah
Lalu duduk di atas bangku
Alangkah baiknya berbenah
Memperbagus tingkah laku

Lalu duduk di atas bangku
Memandangi kandang itik
Memperbagus tingkah laku
Kamu juga terlihat cantik

Magelang, 4 Juni 2023

Kadung Percaya Diri

Ke Sumedang beli roti
Roti basi bikin diare
Berdebar-debar rasa hati
Menanti keluaran lotre

Roti basi bikin diare
Obatnya mudah cukup pare
Menanti keluaran lotre
Dari situs judi online

Obatnya mudah cukup pare
Pare direbus tanpa biji
DAri situs judi online
Abang taruhan semua gaji

Pare direbus tanpa biji
Minumnya bunga telang
Abang taruhan semua gaji
Berharap nanti akan menang

Minumnya bunga telang
Bakwan dan tempe dikecapi
Berharap nanti akan menang
Dapat wangsit dari mimpi

Bakwan dan tempe dikecapi
Tahu goreng di nampan besar
Dapat wangsit dari mimpi
Rasa percaya diri sangat besar

Tahu goreng di nampan besar
Nampan yang berwarna merah
Rasa percaya diri sangat besar
Tapi ternyata Abang kalah

Magelang, 7 Juni 2023

Jarak Menghadang

Minum es buah pakai selasih
Es buah segar hilangkan panik
Jangan cemberut jangan bersedih
Abang tetap cinta sama Adik

Es buah segar hilangkan panik
Perut juga terasa kenyang
Abang tetap cinta sama adik
Meski jarak menghadang

Perut juga terasa kenyang
Makan nasi satu kuali
Meski jarak menghadang
Sekarang ada teknologi

Makan nasi satu kuali
Sayurnya sayur lodeh
Sekarang ada teknologi
Berkomunikasi jadi mudah

Sayurnya sayur lodeh
Pakai lauk ayam betutu
Berkomunikasi jadi mudah
Tak seperti zaman dulu

Pakai lauk ayam betutu
Rasanya mantap tidak hambar
Tak seperti zaman dulu
Surat menyurat untuk berkabar

Magelang, 9 Juni 2023

Berteman Restu Ibu

Buah kladi dibuat arak
Arak istimewa di dalam kendi
Meski terpisah oleh jarak
Restu ibu selalu menemani

Arak istimewa di dalam kendi
Kendi terjatuh lalu pecah
Restu ibu selalu menemani
Mengiringi setiap langkah

Kendi terjatuh lalu pecah
Kendi warna cokelat tua
Mengiringi setiap langkah
Dalam suka maupun duka

Kendi warna cokelat tua
Boleh dikasih sama Abah
Dalam suka maupun duka
Bisa tetap berbagi kisah

Boleh dikasih sama Abah
Oleh-oleh dari kota Jambi
Bisa tetap berbagi kisah
Lewat video call setiap hari

Oleh-oleh dari kota Jambi
Kopi Jambi paling yahuut
Lewat video call setiap hari
Rindu ibu sedikit menyusut

Magelang, 10 Juni 2023

Tentang Teknologi

Membuat roti pakai ragi
Roti ngembang lezat rasanya
Manfaatkan teknologi
Bukan sekadar untuk gaya

Roti ngembang lezat rasanya
Ditambah keju jadi lumer
Bukan sekadar untuk gaya
Apalagi buat pamer-pamer

Ditambah keju jadi lumer
Dimakan bareng segelas susu
Apalagi buat pamer-pamer
Gunakan untuk mencari ilmu

Dimakan bareng segelas susu
Susu segar dari peternakan
Gunakan untuk mencari ilmu
Teman, saudara, dan wawasan
Susu segar dari peternakan

Peternakan miliknya Makcik
Teman, saudara, dan wawasan
Yang membawa pada hal baik

Peternakan miliknya makcik
Luas dan banyak hewannya
Yang membawa pada hal baik
Berkembang dan sukses bersama

Magelang, 14 Juni 2023

Mengais Ilmu

Kalau cabai rasanya pedas
Kalau jengkol berbau menyengat
Mencari ilmu tiada batas
Dari lahir sampai akhir hayat

Bau pete juga menyengat
Paling enak buat sambal cobek
Ilmu pasti akan bermanfaat
Untuk kelangsungan hidup kelak

Obat pedas itu susu
Rasa pedas hilang seketika
Orang hidup tanpa ilmu
Ibarat badan tanpa mata

Makan siang pakai papeda
Makan malam sama soto
Tapi jangan besar kepala
Karena merasa paling jago

Makan soto pakai sambal
Sambal nikmat sambal bajak
Juga merasa paling handal
Sebab ilmu sudah banyak

Pergi ke pasar beli pepaya
Tak lupa juga beli buah melon
Jemawa dan besar kepala
Akan membawa ke kehancuran

Magelang, 14 Juni 2023

Asah Otak

Bahasa Inggrisnya labu itu pumpkin
Labu enak dijadikan bolu
Carilah ilmu sebanyak mungkin
Penuhi ceruk-ceruk otakmu

Tak ada labu pakai singkong
Singkong dimakan dengan boba
Jangan biarkan otakmu kosong
Menjadi sarang laba-laba

Singkong bisa dijadikan kolak
Kolak diberi pisang susu
Juga jangan biarkan otak
Kosong melompong hingga berdebu

Kolak itu rasanya manis
Dimakan bareng di tepi sawah
Berpikirlah secara kritis
Latih otak pecahkan masalah

Paling enak mangut patin
Patin segar dari Riau
Semakin sering digunakan
Semakin encer otakmu

Pasangan mangut itu kluban
Kluban diambil dari Razak
Semakin banyak wawasan
Semoga bertambah bijak

Magelang, 15 Juni 2023

Semakin Dibagi Semakin Bertambah

Jalan-jalan lewat Wonogiri
Pulangnya beli baju kegedean
Tak akan habis dibagi
Meski setiap hari dikeluarkan

Baju dipermak di Salaman
Pulangnya beli bambu ampel
Justru semakin tersimpan
Tak terlupakan dan menempel

Bambu di bawa ke Muntilan
Lalu lanjut ke Kalisari
Itu adalah ilmu pengetahuan
yang tak pernah habis dibagi

Mengambil minum di tempayan
Airnya segar dan rasanya lezat
Jika ilmu hanya disimpan
Ia akan menjadi berkarat

Mengambil minum di tempayan
Lalu makan sepotong jagung
Jika ilmu hanya disimpan
Ia akan membatu seperti patung

Jagung ada yang warna ungu
Tak ada yang warna merah
Jangan pelit berbagi ilmu
Itu salah satu jalan sedekah

Magelang, 15 Juni 2023

Tak Sebatas Senja

Burung kutilang burung gereja
Biarpun kecil tapi menawan
Usia boleh saja senja
Tapi semangat tak ada lawan

Kutilang hinggap depan kaca
Terbang lagi ke tengah sawah
Para lansia belajar membaca
Yang muda jangan sampai kalah

Bahasa jawa bunga itu kembang
Bunga wangi bunga dahlia
Tak usah malu lambat berkembang
Asal terus berusaha

Bunga melati bunga kantil
Bunga mawar warna merah
Usaha pasti akan berhasil
Asal tak mudah menyerah

Kembang kenikir bau menyengat
Warnanya kuning cantik rupawan
Yakin dan tetap semangat
Gapai cita-cita dan impian

Bunga putih bunga kamboja
Banyak tumbuh di kuburan
Tak lupa juga berdoa
Memohon kepada Tuhan

Di tengah bunga namanya putik
Untuk jadi bakal biji
Lakukan semua yang terbaik
Hasil akhir 'kan menanti

Magelang, 16 Juni 2023

Pantun Tentang Ilmu

Di Magelang ada desa Salaman
Punya makanan khas wajik wek
Mencari wawasan dan pengalaman
Tak peduli tinggal di pelosok

Tak hanya wajik wek saja
Gethuk goreng oleh-oelh yang lain
Kecanggihan tekhnologi jalannya
Manfaatkan sebaik mungkin

Ada juga singkong bajingan
Dimasak dalam nira kelapa kental
Serap pengetahuan yang bertebaran
Tak hanya ikuti yang sedang viral

Makanan khas lezat rasanya
Berasal dari singkong manis
Karena waktu sangat berharga
Isilah dengan yang berkualitas

Gula jawa Salaman jempolan
Murni dan legit rasa gulanya
Agar tak menyesal kemudian
Waktu luang terbuang sia-sia

Segar langsung dari petani
Ditanam dengan pengalaman handal
Kesempatan tak datang dua kali
Jangan membuat diri menyesal

Magelang, 16 Juni 2023

Terus Berusaha

Rimpang pahit namanya brotowali
Paling cocok dijadikan jamu
Jangan sedih dan berkecil hati
Jika belum bisa menyerap ilmu

Kunyit sama dengan kunir
Kunir direbus sama lempuyang
Ibarat batu terkena tetes air
Suatu saat akan berlubang

Jahe untuk hangtakan badan
Meriang pasti lanngsung pergi
Seperti itu pula pemahaman
Lambat laun akan mengerti

Kunyit asam rasanya segar
Murah meriah harganya
Terus berusaha dan sabar
Jangan pernah putus asa

Baunya harum buah cengkeh
Bisa buat usir nyammuk pergi
Jangan merasa diri bodoh
Karena belum bisa memahami

Rimpang kecil bulat namanya kencur
Buat bras kecur enak sekali
Tetap semangat dan terus belajar
Masa depan cerah sudah menanti

Magelang, 16 Juni 2023

Berjuang

Jalan-jalan ke tempat wisata dadakan
Berfoto ria di Gerbang Gajah
Berjuang tak hanya di peperangan
Bisa juga di bangku sekolah

Gerbang Gajah tinggi menjulang
Mengundang banyak wisatawan
Menuntut ilmu juga berjuang
Untuk memberantas kebodohan

Punthuk Setumbu juga menawan
Melihat sunrise dari atas sana
Orang berilmu adalah pahlawan
Yang akan memajukan negara

Gereja Ayam tak ada duanya
Di atas bukit melihat pemandangan luas
Tapi jangan bertindak semaunya
Mentang-mentang berwawasan luas

Jika ingin wisata yang lain
Coba saja ke Svarga Bumi
Memanfaatkan orang lain
Untuk keuntungan sendiri

Indahnya Borobudur tak ada obat
Buat turis datang silih berganti
Artinya kamu sedang membuat
Lubang kuburmu sendiri

Magelang, 17 Juni 2023

Pantun Nasihat

Daun jeruk daun salam
Dijadikan penyedap makanan
Pergi pagi pulang malam
Untuk mencari sumber kehidupan

Panjang-panjang batang serai
Serai bagus untuk kesehatan
Mencari hingga ke ujung negeri
Syukur dapat sekantung cuan

Wedanng jahe minuman andalan
Badan hangat segar paripurna
Hanya satu yang diharapkan
Keluarga nyaman dan sejahtera

Jga berkhasiat dan tapakliman
Resep jamu nenek moyang
Rela melakukan pengorbanan
Berjauhan dan lama pulang

Serai ditanam di tepi sawah
Daun salam ada di kebun
Semoga Tuhan mengijabah
Doa usaha yang dilakukan

Magelang, 17 Juni 2023

Pantun Bumbu Dapur

Bulat putih namannya kemiri
Bulat cokelat namanya ketumbar
Mencarinya setengah mati
Dapatnya hanya beberapa lembar

Kalau lada pedas rasanya
BIsa buat bersin-bersin sendiri
Sekecil apapun nominalnya
Tetap syukuri sepenuh hati

Seblak pakai bumbu kencur
Diberi cabai pedas rasanya
Hanya dengan bersyukur
Hati akan lapang menerima

Garam di toples bawah
Toples atas ada gula
Tak perlu menuntut mewah
Jika kemampuan tak ada

Bunga lawang cantik bentuknya
Dijadikan bumbu penyedap masakan
Hidup sederhana asal bahagia
Dari pada mewah penuh kepalsuan

Lada sama dengan merica
Bisa dijadikan pengganti cabai
Pinjam sini pinjam sana
Hanya untuk mengikuti gengsi

Magelang, 18 Juni 2023

Oleh-Oleh Borobudur

Hari Minggu pergi liburan
Ke Borobudur Land asik sekali
Rezeki itu rahasia Tuhan
Ada yang mencari setengah mati

Beraneka macam wahananya
Semua diberi warna pelangi
Kaki dijadikan kepala
Dan kepala dijadikan kaki

Jangan lupa beli oleh-oleh
Yang bermacam-macam jenisnya
Tapi lihat hasil yang diperoleh
Tidak seberapa banyaknya

Kerajinan bambu kreatif sekali
Jadi salah satu pilihan
Dibagi-bagi sana-sini
Agar terpenuhi semua kebutuhan

Mangut beong jangan ketinggalan
Pedas nikmat pastilah juara
Meminimlakan pengeluaran
Menjadi salah satu caranya

Juga beli rempeyek singkong
Gurih renyah bikin ketagihan
Agar sebagian dapat ditabung
untuk kehidupan kedepan

Magelang, 18 Juni 2023

???

Nasi kluban pakai tambahan teri
Rempeyek kacang jadi tambahan
Memang benar rezeki itu misteri
Ongkang-ongkang cuan berdatangan

Kluban pakai nasi jagung
Tambah sambal tak ada lawan
Tak perlu kerja banting tulang
Nikmati aset hasil warisan

Pecel lele pakai kubis
Dimakan bareng sama kawan
Biarpun jadi ahli waris
Tapi jangan disalah gunakan

Kawan jadi kekenyangan
Sebab tambah nasi dua
Berfoya-foya tak tahu aturan
Menghamburkan harta benda

Kacang hijau di atas meja
Direndam lalu jadi kecambah
Orang tuamu dulu berusaha
Tak kenal waktu dan lelah

Kecambah enak buat lalapan
Segar tak ada pengawetnya
Hingga semua didapatkan
Bukan dengan kedipan mata

Jamu berkhasiat untuk badan
Asal sesuai dengan takaranya
Jangan kamu sia-siakan
Usaha maksimal dari mereka

Magelang, 19 Juni 2023

Opera Pantun

Cabe pedas cabe rawit
Dibuat untuk makan gorengan
Bergaya setinggi langit
Karena baru saja gajian

Makan gorengan sama bubur sum-sum
Beli banyak di warung depan
Petantang-petenteng senyam-senyum
Pamer uang dalam genggaman

Di warung depan beli sikat
Sikat dua warnanya sama
Tak tahunya hanya numpang lewat
Uang habis tidak berguna

Adik ikut kegiatan persami
Dari Sabtu sampai Minggu
Traktir sana traktir sini
Membeli ini membeli itu

Waktu persami bawa lontong
Lontong jadi pengganti nasi
Bukan beli barang penting
Yang penting bikin happy

Lontong jadi pengganti nasi
Tapi bukan dari beras ketan
Yang penting bikin happy
Sampai lupa kewajiban

Paling enak mangga mana lagi
Dibuat bekal pergi ke sawah
Bahan pokok tak terpenuhi
Apa lagi biaya sekolah

Magelang, 21 Juni 2023

Opera Pantun

Sebentar lagi akan liburan
Kenaikan kelas di depan mata
Memang rezeki dari Tuhan
Jalannya melalui siapa saja

Liburan digunakan untuk bermain
Ke pantai atau ke mana saja
Jangan kikir dengan orang lain
Ada sebagian harta mereka

Liburan ke kebun raya
Untuk cerita nanti di sekolah
Berbagilah kepada sesama
Agar hartamu menjadi berkah

Museum di Indonesia ada banyak
Semuanya bermutu dan berkelas
Tak perlu menunggu banyak
Sedikit tak apa asal ikhlas

Di depan museum ada tugu
Tugu di beri tutup kain
Bisa jadi juga kamu
Jalan rezeki bagi orang lain

Setelah dari museum lalu ke candi
Candi megah bercorak Budha
Harta yang dibagi akan kembali
Bahkan berlipat-lipat ganda

Candi terbuat dari batu
Candi tak lekang oleh zaman
Kunci suksesnya ada satu
Ikhlas tanpa mengharap imbalan

Magelang, 21 Juni 2023

Pantun Perkataan

Foto alam pakai kamera belakang
Selfie pakai kamera depan
Kalau cuma ngomong itu gampang
Yang susah itu membuktikan

Pakai filter agar makin indah
Wajah glowing tanpa bedak tambahan
Menebar janji dan harapan mudah
Serta mengiming-imingi kebahagiaan

Postingan foto jadi sorotan
Banyak juga yang memujinya
Niatnya cuma jadi seseruan
Agar kian erat hubungannya

Posting dagangan ternyata laris
Dagang panci juga baskom
Bisa juga hanya pemanis
Agar doi selalu tersenyum

Akun tokonya tak ada tandingan
Karena fotonya memesona mata
Tak tahunya melukai perasaan
Karena perkataannya palsu belaka

Foto pedagang sangat tampan
Bergaya ala-ala anak muda
Hubungan hancur berantakan
Omongannya tak lagi dipercaya

Magelang, 25 Juni 2023

Pantun Rezeki

Sedang viral isu selingkuh
Beritanya artis yang punya anak
Hanya mengarah ke jumlah
Yang ingin bertambah banyak

Beritanya santer wara-wiri
Di berbagai website mana pun
Semakin menggunung setiap hari
Tak ingin berkurang sedikit pun

Diberi bumbu agar semakin drama
Jadi trending topik di media online
Dilakukan semua usaha dan upaya
Agar pundi-pundi aman tersimpan

Akunnya menjadi incaran
Tapi pelaku masih mangkir
Berhemat gila-gilaan
Bahkan bisa disebut kikir

Pelaku menghindari pemberitaan
Biar netizen menjadi jemu
Berbagilah wahai kawan
Dari sedikit rezekimu

Haters-nya bertambah banyak
Ingin mencibir dan nyinyir selalu
Ada rezeki mereka yang berhak
Yang tak ‘kan mengurangi hartamu

Penggemar menjadi hilang simpati
Sebab perlakuan yang terlampau bar-bar
Sebab rezeki itu sudah mutlak dan pasti
Sudah tertakar tak mungkin tertukar

Magelang, 26 Juni 2023

Pantun Bucin

Filter kamera jadi andalan
Burik jadi hilang seketika
Hanya cinta yang dipikirkan
Sampai melupakan segalanya

Trending topik nomor satu
Akun mendadak banyak followernya
Bertukar kabar setiap waktu
Galau kalau lama berjumpa

Foto viral gegara filternya
Filter aduhai nomor satu
Inginnya selalu dimanja
Diperhatikan setiap waktu

Buat video sambil goyang
Meski masih abal-abal
Juga maunya disayang-sayang
Diberi rayuan gombal

Aplikasi biru memang jos
Menawarkan banyak teman
Pacar diposting di akun medsos
Dan diberi caption menawan

Aplikasi joget tak kalah bagusnya
Bisa lihat video wira-wiri
Agar semua orang terkesima
Biar memuji juga merasa iri

Aplikasi hijau jangan lupa
Biar chat lancar selalu
Dunia serasa milik berdua
Biar yang lain jadi gaib dahulu

Magelang, 27 Juni 2023

Pantun Kesabaran

Adek jadi semakin gemas
Baca novel online sendiri
Sabar harus diperluas
Saat mencari sebuah rezeki

Novel online di platform banyak
Cari cerita yang tak berbelit-belit
Tak bisa langsung banyak
Sedikit lama-lama menjadi bukit

Paling disuka novel roman picisan
Kisah percintaan banyak pemikat
Jangan tergiur dengan cara instan
Yang janjikan harta secara cepat

Ada juga novel sarat ilmu
Pilih yang mana semua bebas
Semua itu hanyalah semu
Sukses dan berhasil butuh proses

Pilih yang mana semua bebas
Asal aturan tetap diikuti
Sukses dan berhasil butuh proses
Sama halnya dengan rezeki

Baca novel online sampa HP panas
Tak mau dilepas meski sebentaran
Butuh perjuangan dan kerja keras
Juga butuh doa kepada Tuhan

Mata perih tidak tahan
HP akhirnya diletakkan
Agar Tuhan memudahkan
Setiap jalan yang diusahakan

Magelang, 4 Juli 2023

Pantun Waktu

Bertebaran aplikasi semacam benalu
Tak tanggung-tanggung banyak jumlahnya
Selalu bilang entar dulu entar dulu
Masih ada banyak waktu katanya

Menawarkan cuan ratusan ribu
Hasil bermain di aplikasi
Mending santai terlebih dahulu
Pekerjaan masih bisa menanti

Banyak pengguna jadi berburu
Aplikasi bercuan yang paling the best
Bisa juga tiduran terlebih dahulu
Yakin semua pasti beres

Bercuan untuk tipu muslihat
Agar banyak yang mengunduhnya
Tak tahunya waktu begitu cepat
Mengikis kesempatan yang dipunya

Owner aplikasi langsung sigap
Sudah mengantongi pundi-pundi
Bangun lalu tergagap
Pekerjaan kacau tak terkendali

Kabur membawa semua cuan
Dari semua penggunanya
Sebaiknya lekas kerjaan pekerjaan Jangan
menunda-nundanya

Pengguna aplikasi mendadak bingung
Aplikasi benalu tak dapat diakses lagi
Jika tak ingin penyesalan datang
Sebab waktu tak mungkin kembali

Magelang, 5 Juli 2023

Pantun PDKT

Ada game yang berbayar
Bisa menghasilkan pundi cuan
Setiap waktu memberi kabar
Tak lupa memberi peratian

Aplikasi judi kian memikat
Tak cukup memori bisa lewat webnya
Agar hubungan semakin lekat
Dengan dia yang dipuja-puja

Pengguna jadi main sikat
Berharap dapat hadiahnya
Tak lupa memberi sekotak coklat
Juga transfer untuk kuota

Berapa pun akan dikeluarkan
Agar dapat jackpot besar
Komunikasi terus berjalan
Harapan semakin bertambah besar

Semua harta habis tak bersisa
Bermain aplikasi yang dibanggakan
Sejak lama memendam rasa
Tapi belum berani mengungkapkan

Jadi kacau rumah tangganya
Judi menutup mata hati
Pelan-pelan mendekati dia
Menanam rasa dan menarik simpati

JIka hanya disalah gunakan
Tak usah bermain ponsel saja
Syukur-syukur dia merespon
Pendekatan tak berujung sia-sia

Magelang, 6 Juli 2023

Pantun Menyatakan Cinta

Ada aplikasi pertemanan
Dan mempunyai banyak minat
Hati berdebar tak karuan
Sampai-sampai banjir keringat

Ada juga aplikasi terbaru
Diluncurkan Meta kemarin
Suara mendadak parau
Tertelan rasa gemetaran

Aplikasi baru kian memanas
Penggunanya teriak-teriak
Berharap-harap dengan cemas
Apakah diterima atau ditolak

Bukan karena rasa kecewa
Tapi karena kesenangan
Sangat besar harapannya
Cinta tak bertepuk sebelah tangan

Pengunduh lebih dari seratus
Aplikasi baru jadi idaman
Syukur mau diajak serius
Melangkah ke jenjang pernikahan

Aplikasi Treads namanya
Yang sedang disebut-sebut
Membina rumah tangga berdua
Hingga nanti akhir hayat

Magelang, 7 Juli 2023

Pantun LDR

Sejak pagi hanya sibuk rebahan
Badan rileks tak berpeluh
Ada satu istilah dalam hubungan
Yaitu hubungan jarak jauh

Bermain ponsel memang sip
Sambil rebahan sungguh nikmatnya
LDR long distance relationship
Anak muda biasa menyebutnya

Lupa cucian yang menanti
Sibuk kepoin akun mantan
Banyak cobaan yang menguji
Bagi setiap pasangan yang melakukan

Nafas mendadak jadi memburu
Mantan cantik foto bareng satpam
Masalah kepercayaan nomor satu
Juga masalah salah paham

Foto postingan baiknya disimpan
Bisa dilihat lagi nanti-nanti
Banyak prasangka bermunculan
Rasa was-was takut dikhianati

Akun mendadak tak bisa dikunjungi
Ternyata sudah diblokir olehnya
Kunci keberhasilan di komunikasi
Juga jaga rasa saling percaya

Ponsel diberi karet kuncir
Agar tak lepas casingnya
Masalah jodoh itu hasil akhir
Yang penting kita sudah usaha

Magelang, 8 Juli 2023

Pantun Putus

Beli ponsel warna merah
Belinya di toko prapatan
Jangan sedih jangan gundah
Kalau sedang putus hubungan

Ponsel merah di bawah lemari
Terjatuh saat mau ambil sisir
Apalagi nekat bunuh diri
Karena merasa semua sudah berakhir

Ponsel merah casing hijau muda
Diberi kalung di atas perut
Merasa sedih boleh-boleh saja
Tapi jangan berlarut-larut

Casing ponsel motif kemiri
Ada juga motif pemandangan
Ayo bangkit dan perbaiki diri
Tata kembali masa depan

Casing murah harga lima ribuan
Besoknya retak kejepit pintu
Ukir prestasi raih kesuksesan
Jodoh akan datang seiring waktu

Adik menangisi casing kesukaan
Yang pecah di bawah pintu
Yang akan mengisi kekosongan
Yang satu visi misi dan perilaku

Mendadak casing minta diganti
Sama ponsel yang terbaik
Perbaiki diri juga berarti
Menyepadankan dengan jodoh terbaik

Maunya ponsel warna ungu
Ungu warna favoritnya
Usah risau usah galau
Kalau sedang putus cinta

Magelang, 9 Juli 2023

Pantun Selingkuh

Abah punya ponsel cadangan
Boleh diberi anak sulungnya
Selingkuh sangat ditakutkan
Oleh semua ibu rumah tangga

Abah kini mulai mengunduh
Aplikasi chat dan lainnya
Viral kasus-kasus selingkuh
Menambah was was warga

Abah selalu update story-nya
Walau hanya sekedar tanya kabar
Para pesohor seolah berlomba
Aib rumah tangga dibongkar-bongkar

Abah juga mulai internetan
Tak mau tertinggal informasinya
Anggap saja sebagai pelajaran
Agar tak mengikuti jejak mereka

Abah jadi semakin terdepan
Segala berita dilahap semua
Rumah tangga hancur berantakan
Karena hadirnya orang ketiga

Hoax buat Abah merana
Merusak mental dan pikiran
Jangan salahkan orang ketiga
Dia tak akan datang tanpa kesempatan

Abah harus lebih hati-hati
Tak semua berita itu kebenaran
Kembali untuk introspeksi diri
Jaga kepercayaan kesetiaan

Abah kini pilih-pilih berita
Berita online dalam ponsel
Jangan sia-siakan mereka
Yang mau berjuang dari nol

Abah terbuka wawasannya
Sekarang tak mudah baperan

Sejak kita tak punya apa-apa
Sampai semua dalam genggaman

Magelang, 9 Juli 2023

Pantun Cinta Sejati?

Pergi ke toko aplikasi
Buat mengunduh platform cerita
Tahukah apa cinta sejati
Apakah yang selalu bersama

Aplikasi cerita ada delapan
Ceritanya warna warni
Apakah yang tak menduakan
Adalah arti cinta sejati

Cerita online bergenre romansa
Ending membuat hati sedih
Yang selalu menjalani bersama
Dalam bahagia maupun sedih

Cerita horor sekedar singgah
Hantunya sangat mengerikan
Tak meninggalkan dan berpisah
Meski banyak pertengkaran

Baca thriller berdebar rasanya
Ceritanya sangat menegangkan
Perbedaan dijadikan warna
Juga bumbu sebuah hubungan

Gore tak selesai bacanya
Perut mual tak ketulungan
Jangan jadikan mereka
Perenggang dan hancurnya hubungan

Baca saja kumpulan puisi
Mendayu dan meliuk bahasanya
Jadi apa cinta sejati
Yang mampu bertahan selamanya

Magelang, 9 Juli 2023

Pantun Setia

Ponsel mendadak jadi lowbat
Saat nonton video K-Pop
Setia itu susah bin berat
Tak semua orang sanggup

Adek mendadak jadi mager
Video K-Pop jadi ketinggalan
Apalagi mereka yang LDR
Akan ada ujian kesetiaan

Kalau mager jadinya lapar
Rasanya ingin ngunyah-ngunyah
Namun jika rasa terlalu besar
Tidak akan mudah goyah

Letakkan ponsel dalam genggaman
Adik ambil seblak di atas meja
Juga tertanamnya sebuah iman
Agar tak menyakiti pasangan tercinta

Adek tanpa ponsel bisa kesepian
Wajahnya mendadak jadi cemberut
Dalam hubungan pasti ada cobaan
Tapi jangan sampai berkhianat

Ponsel bisa membuat galau
Dan nangis guling-guling
Sekali mencoba kamu jadi candu
Khianat berulang-ulang

Guling-guling jadi terkilir
Ponsel menjadi penyebabnya
Jika mampu setia sampai akhir
Kamu orang hebat sesungguhnya

Magelang, 9 Juli 2023

Tentang Penulis

Latifah Hardiyatni, wanita yang lahir dan besar di Magelang. Beberapa karyanya sudah masuk antologi bersama seperti: *Love Code, Cinta dalam Nada, Serpihan Sesal, the Story of Bella, Umma, Bangkit Negeriku*. Karyanya juga pernah dimuat di koran Merapi, Kedaulatan Rakyat, Fiksi Islami, dan Solopos.

Ingin kenal lebih dekat dengan dia?
FB: Latifah Komari
Akun Kompasiana: Latifah Hardiyatni

www.ingramcontent.com/pod-product-compliance
Lightning Source LLC
La Vergne TN
LVHW060148051026
849517LV00007B/2582
* 9 7 9 8 2 2 4 1 9 2 9 0 8 *